AMÁLGAMA

Carlos Frederico Manes

AMÁLGAMA

Ibis Libris
Rio de Janeiro
2012

Copyright © 2012 *Carlos Frederico Manes*

Editora: *Thereza Christina Rocque da Motta*
Capa e diagramação: *Paulo Vermelho*
Imagem da capa: *Geografia*, de Valdir Rocha

1ª edição em agosto de 2012.

Manes, Carlos Frederico, 1967–
Amálgama / Carlos Frederico Manes. Rio de Janeiro: Ibis Libris, 2012.
72 p., 20 cm.

ISBN 978-85-7823-102-6

Impresso no Brasil.
2012

Todos os direitos reservados ao autor.

Email do autor: cfmanes@hotmail.com

Ibis Libris
Rua Raul Pompeia, 131 / 708
Copacabana | 22080-001 Rio de Janeiro | RJ
Tel. (21) 3546-1007

www.ibislibris.net
ibislibris@ibislibris.com.br

Associada à LIBRE.
www.libre.org.br

SUMÁRIO

A palavra indômita, 11
Poema de jade, 12
Necrológio, 13
Oferenda, 14
O estrangeiro, 15
Herói sob chuva, 16
Fel, 17
Saudação, 18
Ronda, 19
Passiflora, 20
Arquétipos, 21
Lunar, 22
Ferro na água, 23
Corografia, 24
Ego, 25
Chuva e fraga, 26
Nódoa, 27
Rosa rosa, 28
Decantação, 29
Salamandra, 30
A carne e o nada, 31
Águas, 32
Refração, 33
Absinto, 34
Recusa, 35
Viuvez, 36
Véspera, 37
Bichano, 38
Mundo antigo, 39
Elixir, 40
Bissetriz, 41
Rito, 42
Sopro, 43
Fábula, 44
Signo, 45

Proteu, 46
Pirilampo, 47
Mandala, 48
Cetáceo, 49
Província, 50
Cinzas, 51
Limiar, 52
Espectro, 53
Momo, 54
Permanência, 55
Academia, 56
Deserção, 57
Rilke, 58
Campa, 59
Sursum corda, 60
Elegia, 61
Ameno, 62
Névoa, 63
Confidência, 64
Epifania, 65
Rupestre, 66
Feitiço, 67
Finale, 68
O amante esquivo, 69
Claridade, 70

Para Simone

Like a skein of loose silk blown against a wall
Ezra Pound

A PALAVRA INDÔMITA

Caminhas com tal graça
pelo insosso de meus dias,
que te poderia imaginar
aparentada às andorinhas.

Para melhor qualificar-te
colho adjetivos em pompa:
edulcorada, esfuziante, plúrima
e outros mais, de parnasiano vigor.

Talvez melhor te descreva
diáfana. Palavra clara.
Clara demais. Põe na sombra
o que tens de certeza, até de bravura,
quando caminhas.

E *diáfana* faz pensar
somente na alma.
Mas tens corpo. Não és metafísica.

És comedimento, fúria;
precisão, doçura:

telúrica.

POEMA DE JADE

Após derrotar
Dragão Verde do Leste,
o velho monge
embainhou sua *jian*
saltou sobre o monte *Song*
pairou nos galhos de bambu.

Até hoje a montanha
se refaz do susto.

NECROLÓGIO

Que importa seja o ano
gasto com discretas alegrias,
largos dissabores?

Esperemos dezembro,
mês augusto em que cartões de crédito
hão de trazer dos céus de plasma
a devida consoada.

Reclamam atenção
as incertezas do porvir?
Em dezembro tudo se dissolverá.
Aguardemos, pois,
as propícias calendas.

Subtraídos em armários,
atrás de prateleiras escarpadas,
presépios meditam
a ceia finda.

OFERENDA

Nenhum esplendor tenho para ti.
Meu coração não crepita insone;

não sou o príncipe Míchkin,
nem ergui minha casa sobre sete pilares.

Trago-te apenas mãos cansadas,
      um olhar patético.

Fundidos aos teus, dormirão sobre a terra
até o vento espalhar nosso pó
      apagar nossos nomes.

O ESTRANGEIRO

O homem, bicho
incorrigivelmente terrestre,
cisma de competir com peixes:

primeiro, fura ondas.
Mas a praia é pouca.
Depois, mete-se em traje de mergulho.
Engarrafado, o ar é curto.
Então, entra num batiscafo.
Mas acaba-se a luz.

Resta a pacífica,
resignada contemplação do aquário
na sala de estar.

HERÓI SOB CHUVA

Com audácia e galochas
    um menino
desafia poças d'água.

FEL

Alguns estudam selos e moedas.
Para outros, o enlevo está em bolachas de vinil.
Eu afeiçoei-me aos livros.

Quisera dedicar-me somente às mulheres...

Se haveria remissão, não posso dizer.
Pelo menos não haveria tanto fastio,
nem esse travo que a vida me pôs
no canto da boca.

SAUDAÇÃO

Indecifrável,
a vida me cerca.

Do outro lado do muro,
ruídos revolvem-me
temores ancestrais.
Estarão de volta os mortos?
Inútil especular.

Mão suja, exangue,
escava o muro,
dirige-me dedos puídos.

Com furiosa fraternidade
cumprimentamo-nos,
acima do horror
aos seres e às coisas.

RONDA

Muito lamentei
não ter aprendido a dançar.
Mamãe tentou.
Saí do baile infantil
para nunca mais.

Encantavam-me
pantomimas de Gene Kelly,
Fred Astaire magro magro
dançando impossível.

Passistas de escola de samba?
Meu Deus,
como acaloravam-me o peito!

Dentro de casa,
na solidão toda minha,
ligo som alto.
Perdoai, vizinhos!

Desavergonhadamente
deito passos de uma coreografia
esquisita e surda.

PASSIFLORA

Cinco mililitros
de feiticeiras floras
entorpecem o temperamento
que, usualmente cálido,
a certas horas ferve.

Cinco mililitros.
Mal enche uma tampinha,
que dirá uma colher de sopa.

É quanto basta
para que tudo volte a seu lugar
e o espírito adormeça
no jardim.

ARQUÉTIPOS

Cidade surreal.
Entre palmas e obstinação
desfila a princesa
sintética
        retilínea
andrógina
        fungível.
A natureza curva-se ante o feito.

Os antigos protestam:
"Que venham as ninfas de Renoir!"
"Tragam-nos a matéria densa
de Lucian Freud!"

A mulher-mito, a mulher-templo
        que encanta desde paleolíticas eras
e no colo de terra abriga
o mais puro e lasso
        afeto.

LUNAR

O poeta está dormindo.
Os óculos do poeta
que não pode ler os próprios versos
estão dormindo.

Há muito não se manifesta.
Sobre a mesa em desalinho
esferográficas enrijecem.

Aragem fresca bate-lhe o rosto
toda manhã,
trazendo das ruas dissonâncias,
acordes límpidos.
Nada o desperta.

Leitores agonizam na espera vã.
Precisam da palavra amiga.
Necessitam da angústia
esbraseada.

Vão até a residência do poeta.
Endereço mudou.
Telefone não está na lista.
A *internet* o ignora.

Não imaginam
que o poeta continua em casa,
dormindo.
O lugar é nenhum.
O tempo, findo.

FERRO NA ÁGUA

Na barriga da baleia
Rebecca Horn colhe
frutos inanimados
onde o sutil e o áspero
mansamente se beijam:

fachos de luz
sobre água parada,

palavras impronunciadas
boiando nos vazios do tempo,

trompas de bronze emitindo
sopros e sussurros.

Na posse de tudo, Rebecca Horn
constrói e desconstrói
os punhais mecânicos do amor;
o amor e seus jatos de tinta preta
a fecundar a parede mais casta;
o amor e sua ferrugem.

COROGRAFIA

Na escola aprendi
que Nova Iguaçu
era cidade-dormitório.

Cresci supondo que lá
tudo era tristeza
e poeira.

Hoje comovem-me
os remanescentes quilombolas,
o vulcão extinto,
os galpões de laranja.

Apreço por cronologias? Não!
Deu-me
a cidade
um amor
maior que as distâncias.

EGO

O afeto
que me recuso a dar
volta-se
contra mim,
como um cacto
no escuro.

CHUVA E FRAGA

Vai a meu quarto. Vai
e colhe do pó
o que sobrou do retrato.

Quero olhar
pela última vez
o sorriso triste de meu irmão
a gargalhada de mamãe
e o fantasma de meu pai.

Quero vê-los contra a luz
de secretas, profundíssimas mitologias,
dissolver-me
nos poços do tempo.

Tempo de viver contra o vento,
sequer suspeitar
que tudo se acaba
em bruma, desalento.

NÓDOA

Em plena luz de outono,
todas as coisas
sabendo a frescor e paz,
ouvi grito,
como o de alguém
que padecesse não de dor,
mas de espanto.

Não havia sido
grito de boca ferida,
nem pilhéria de assombração.

Eu estava à míngua, como se fora
a última danação na terra.
Então dei-me conta
do sortilégio:

da garganta de minha mente convulsa
brotara o horror sem fundo.

ROSA ROSA

Não a reunida em buquê,
com caule cortado,
em floricultura de cemitério.

Não a cultivada em estufa,
ou exposta no Jardim Botânico
ao deslumbramento de brutos.

Quero o que tens de simples,
sem mácula,
como pouso para a alma.

DECANTAÇÃO

Que seria de mim,
sem a infusão da amada
a diluir esse tédio,
esse nojo da vida?

Entanto, nunca a vi.
Jamais beijei-lhe a nuca,
nem disse o quanto a quero.
Corro para abraçá-la – no vento
perdem-se os braços.

Dilacera-me a invisível presença.
Terei inventado musa
à força de alucinógeno?

Mulheres passam pela rua,
automáticas.
Rostos, coxas, seios,
largos quadris desenham a amada.
Concreto e asfalto
dissolvem o mito.

Nas sevícias da carne
a amada se faz pura.

SALAMANDRA

A ti pertence
o elemento fogo:
mistério rubro dos espíritos,
volúpia de labaredas
em contos de fada e livros esotéricos.

Não tens presença, nem medida.
Vives na chama do fósforo
e no sol bufante.

Nunca vista ou pressentida,
para mim não passas
de imagem em documentário,
gravura de enciclopédia:

úmida lagartixa
com cabeça de sapo.

A CARNE E O NADA

O pouco
que havia
no coração
perdeu-se.

Ermo, duro,
busco rochedo
para atirar-me
no mar.

Mas a água
evaporou-se.

ÁGUAS

Poema com graça
de correntezas imemoriais.

Nem oceano, nem rio:

lágrima de criança
que acaba de perder
        seu melhor brinquedo.

REFRAÇÃO

Do outro lado
do espelho,

sob a mansidão
de lagos e de córregos,

um estranho copia-me
contentamentos e náuseas.

Ignoro a que veio.
Sei apenas do torpor
que o consome
por desconhecer devaneios
e poços

deste que o mira
acima das águas,

do outro lado
do espelho.

ABSINTO

Dentro da gaiola,
do apartamento,
      um canário canta à noite
para esquecer
      a vida que não tem.

RECUSA

Os dias felizes vêm vindo,
com suas barrigas de Gargântua.
Pode-se fazer algo
para evitá-los?

Os dias felizes são teimosos.
Não batem à porta,
derrubam-na a pontapés.

De minha parte, prefiro ficar só.
Bílis preta,
cara de poucos amigos,
tristemente
ruminando tédio.

VIUVEZ

Folhas de outono
em cama de solteiro.

VÉSPERA

Será amanhã.
Ontem e anteontem,
já todo me espedaçava
em fobias estranhas.

Que botões, maduros,
se abrirão amanhã?
Amores etéreos,
esperando há tempos
pela descida na carne?

Será amanhã.
Melhor atirar-me da escada.
Silenciosos, meus frangalhos
acolherão o amanhã.

BICHANO

Atropelado, o gato
não miou, não gemeu.
Metade do corpo tombou inerte.
A outra debatia-se
sem rumo.

Lembrava o torpor
dos estrangulados,
dos doentes incuráveis,
dos torturados,
dos deprimidos e dos loucos.

Não houve quem se mortificasse
com a desengonçada agonia.

Morreu sem dó,
recolhido ao lixo.

MUNDO ANTIGO

Pedro Mamãe usava uniforme azul.
    Morava no morro
e sorria um bocado.

Eu, moleque, corria e chamava:
    – Pedro Mamãe!
Ele ria e gritava:

    – Que é?

A risada de Pedro Mamãe
    tornava o mundo cálido.
Até muros sorriam.

Numa segunda-feira,
    Pedro Mamãe não foi trabalhar.
Bebera muito, não viu
    o carro se aproximando.

Passei resto de infância
contemplando em fotografia
o sorriso, o uniforme azul.

Hoje não tem risada.
    Hoje não tem retrato.
O coração de menino se punge
    ao ouvir a voz
    na escuridão:

    – Que é?

ELIXIR

Não cultivo amizades.

Não tenho mulher.

Não procuro família.

Sequer me alegra um cão.

Crianças, plantas ao vento, tragédias do noticiário.
Nada me comove.

O olhar está duro; o coração, seco.

A vida tem seus refrigérios.
Compensando-me dos silêncios,
do amargo,

nasci com humor
nasci poeta.

BISSETRIZ

Dou-te metade
de meu amor.

A outra, reservo
a carências
futuras.

RITO

O jovem quis um carro.

Chegara a hora
de mostrar ao mundo quem era,
envolvendo-se em todas as revoluções,
exibindo-se a todas as mulheres,
concretas ou intangíveis.

Moderado, o pai acedeu.
Carro zerinho, um brinco.

Nenhuma festa era longe.
Todos os bares
mudaram-se para a esquina.

O hodômetro disparou:
pássaros papéis fumaça
mulher dois filhos.

Veio a ferrugem.

Nunca mais dirigiu.

SOPRO

Nódoa
nenhuma.

Ninguém sabe
de onde
vem

aonde
vai.

FÁBULA

Engasgam-se torneiras.
Piscinas acumulam pó.
    Falta água.

Bombeiros ajoelham-se,
impotentes diante do mundo que arde.
    Falta água.

Famílias se prostram,
unidas no silêncio, na prece.
A carência de banho
dissolve o convívio.
    Faltam águas.

SIGNO

Poema:
apenas
palavra.

Palavra:
apenas
torpor,

vácuo
onde
o poeta
a si mesmo
canta.

PROTEU

Montanhas são alegres.
Campos são alegres.
Cidades podem ser alegres.
O mar, não.

O mar tem segredo, majestade.
Sobretudo, o mar é triste,
espesso como chumbo,
como a agonia dos que nele se afogaram
e agora são areia, coral.

O mar não tem palavras,
apenas um vento frio assobiando morte
nos ouvidos de quem nada mais
tem a dizer.

Por isso amo tanto o mar:
para nele esquecer-me de mim,
depurar-me em solidão;
ser irmão de peixes
e de caranguejos.

PIRILAMPO

O amor veio vindo
de leve.
Veio vindo
de dentro do escuro.

Tentaram apanhá-lo
com redes,
tapas no vento.

Maroto, o bichinho
escondeu-se
atrás do tempo
e das estrelas.

MANDALA

Cortaram a árvore.
Não foi galho seco,
doente ou quebradiço.
Cortaram tudo.

Como explicar
a gratuidade do gesto?
Sujava a rua, argumentam uns.
Atraía insetos, replicam outros.

A rua agora jaz, crua.
Já não há pássaro ou cigarra
que afague com a ponta do canto
o asfalto incoercível.

Velhos partiram todos,
carentes de apoio
para memórias de vidro.
Crianças já não brincam.

Sobre os túmulos
de quantos a tenham cortado,
sementes de uma árvore
bruta, galhofeira,
     vingarão.

CETÁCEO

Desde pequena,
ansiava por amor.

Sonhou heróis e príncipes.
Vieram apenas plebeus.

Repeliu a todos.
Eram sujos. Eram tortos.

Destinada ao afeto
impossível, que fazer?

Ao mar então se fez:
nadadeiras suaves
coração enorme
e um canto agudo
pulsando entre as ondas.

PROVÍNCIA

Pobre como sou,
nunca fui a Budapeste, Viena, Paris,
ou qualquer outro cenário
talhado em ouro
e devaneio.

Conheço, no entanto,
o mais bonançoso subúrbio,
a praça mais recôndita,
onde o remanso dos olhos
pode esquecer que a morte existe
e filiar-se
à noite iridescente.

CINZAS

Quem chora
naquele canto?

É o menino
que fala absurdos,
brinca sozinho
e tem medo
do escuro.

LIMIAR

Trabalhei duramente.
Aproximei-me de grandes êxitos.
Nada obtive.

Faltou obstinação.
Talvez teimosia.
Faltou pouco.

Apaixonei-me sem conta.
Cheguei perto de um amor
maior que o de Abelardo
por Heloísa.
Escapuliu.

Faltou ímpeto,
beijo debaixo de chuva.
Faltou pouco.

Quis o silêncio dos desertos.
Vestiram-me de negro,
cobriu-me a terra.

Quase alcancei paz.
Faltou vida.
Faltou pouco.

ESPECTRO

Desvestir ossos
de toda alegria:
raios-x.

Cortar limpo,
sem resíduo:
raios *laser*.

Ondular através
de estrelas:
raios-gama.

Nomear as graças
do teu amor:
raio de luar.

MOMO

Brincar! Brincar
até nada mais restar
senão um grito rouco.

Em Paraty, Bloco da Lama,
cântico primal da carne,
        agonias de sangue salgado.

Em Tiradentes,
Bloco dos Abandonados,
mineiríssima opulência
        de memória e dor.

No Rio de Janeiro,
Simpatia é Quase Amor,
Cordão da Bola Preta
e outros tantos mil,
        de exóticas luxúrias.

Brincar! Sacudir as borlas da melancolia.
Brincar até mesmo
sobre a cinza das missas.

PERMANÊNCIA

Quero biscoito.
Não o indefectível, sabor inflamável,
colorizado
            aromatizado
                        embalado
em sabe-se lá que fábricas
de moderníssimos
bruxedos.

Quero biscoito duro,
sem recheio,
cujos enlaces de açúcar e mistério
gerações atuais desconhecem.

Um biscoito feito farelo
sob os pezinhos imemoriais
do menino que ainda quer
doce.

ACADEMIA

Nem Platão,
nem Aristóteles.

De que valem filosofias
se a vida é carne
e o tempo, dinheiro?

Preciso de bíceps em montanha,
tríceps fortificados
para erguer a cidade
sob serpentina e aplauso.

Quero abdômen euclidiano
para humilhar venerandas barrigas;
vastos peitorais
para molestar os tímidos;
quadríceps para desdenhar
a velocidade dos dias.

Acima de tudo, quero forças
para suplantar a gagueira
diante das mulheres.

DESERÇÃO

Em Itatiaia
banhei-me em rios,
escalei montanhas.

Em Itatiaia
cogitei choças,
imaginei choupanas.

Criado na fumaça,
na cacofonia,
indelevelmente urbano,
só de pensar em abrir mão
de cinema, tantos bares
carnaval futebol praia
TV CD DVD

contentei-me
com umas fotos do lugar
para exibir a outrem
o intrépido que não fui.

RILKE

Cartas

a uma jovem
eternidade.

CAMPA

Trago no peito
infâncias abafadas.

Talvez cresçam,
aprendam a sussurrar
afetos e mistérios.

Talvez morram
sem exalar o mínimo hálito,
reunindo-se
aos amores que não vingaram,
aos amigos ausentes,
às tristezas inominadas.

Como pode o coração
abrigar tanto defunto?

SURSUM CORDA

Na faculdade,
nunca fui bom em latim.
Apreciava a clássica melopeia,
mas perdia-me em declinações
e casos.

Perdoa-me, Ovídio,
por não poder amar-te.
Agostinho, diante de ti
nada tenho
nada sei
nada confesso,
além de uma tristeza
miúda como cantiga de roda.

ELEGIA

"Nossos invernos
não são mais os mesmos",
dizia minha avó,
comovendo-se com tempos

em que nas esquinas
floresciam quitandas,

em que mocinhas derretiam-se
por Heleno de Freitas,

em que nos cinemas só se ouvia piano,

em que ruas eram movidas
a calhambeque, bonde e charrete,

em que namorados beijavam-se por carta.

Tempos em que havia tempo.

AMENO

Amendoeira,
como faz bem
esse verde agressivo,
essa alegria bruta
que não se vê no talhe da figueira,
muito menos
na empáfia das palmeiras.

Gosto sobretudo
de tua geometria aberta,
clara,
como escultura de Calder.

Amendoeira,
à sombra de tua calma
quero perder-me de tudo:
atirar longe contas, sapatos,

desgostos.

NÉVOA

Menino, minha mãe
costumava contar
a história de Rapunzel,
bonita moça que do alto da torre
atirava as tranças
        pela janela
        para o amor.

Embevecido, via Rapunzel
em toda parte:
        cume da montanha mais alta
        princesa fora do tempo
        límpida estrela-do-mar.

Quando finalmente
encontrei a torre,
Rapunzel atirou-me as tranças.
        Tímido, recuei.

Nunca mais tornei a vê-la.
A pungência daquele instante
transfigurou
        toda a minha vida.

CONFIDÊNCIA

Semana Santa
Carnaval
o 21 de abril.
Em todas as datas
gosto de Tiradentes.

Gosto como se fosse
cidade de minha mãe
terra de meu pai.

Apraz-me o casario colonial
estilo mundo que se foi,
futuro que não vem.

Há em Tiradentes
um tempo próprio,
de feijão tropeiro e cachaça.

Principalmente, há a paz
das ruas de pedra, do chafariz,
lembrando-me de que preciso
urgente, urgentíssimo,
habitar Tiradentes.

EPIFANIA

Nada se move, nada se faz.
A cidade parou, pesada de espanto.
Desgarrados do quotidiano, todos se perdem.
Em vão a imprensa tenta cobrir
a inédita ausência.

Não é passeata ou tiroteio,
nem obra-de-arte pós-moderna e abscôndita.
Também não é flor brotando no asfalto.
    Fina e sem arcanos,
a paz sujou o ruído,
        poluiu o tempo.

RUPESTRE

Donaire é palavra
que desconcerta.
Finge-se de francesa.
Pronunciando-a, a alma vibra.

Antigamente, as moças tinham donaire.
Hoje sequer figuram
o sentido do vocábulo.

Não as culpo. Também não o sei.

Pela doce fonética,
penso que deva ser toda leveza,
feito murmúrio de córrego,

uma moça cheia de donaire.

FEITIÇO

A imagem de pedra
assustava os desavisados.
Mesmo quem já a conhecia
respeitava.

– Mãe, que bicho é esse?

– É gárgula, filha.

A menina ficou pasmada.
Até o nome era feio.

Passou o dia pensando na criatura.

Só conseguiu dormir
depois de acender uma lampadazinha
perto da janela.

FINALE

Boinas bocejam
no parapeito,
desbotadas, anônimas.

O trabalho foi duro:
Montese sitiada
expurgos em Monte Castelo.

Alguém mais se recorda
de como era banal
a face do inimigo?

As conquistas de hoje,
sem urgência de vida
ou peso de condecorações,
instigam ao sono,
às nuvens:

manhãs de outono,
enfados
em bancos de praça.

FEITIÇO

A imagem de pedra
assustava os desavisados.
Mesmo quem já a conhecia
respeitava.

– Mãe, que bicho é esse?

– É gárgula, filha.

A menina ficou pasmada.
Até o nome era feio.

Passou o dia pensando na criatura.

Só conseguiu dormir
depois de acender uma lampadazinha
perto da janela.

FINALE

Boinas bocejam
no parapeito,
desbotadas, anônimas.

O trabalho foi duro:
Montese sitiada
expurgos em Monte Castelo.

Alguém mais se recorda
de como era banal
a face do inimigo?

As conquistas de hoje,
sem urgência de vida
ou peso de condecorações,
instigam ao sono,
às nuvens:

manhãs de outono,
enfados
em bancos de praça.

O AMANTE ESQUIVO

O poeta Wang,
discípulo de Li Po,
prometeu à amada
a Lua de presente.

Amarrou corda numa flecha
retesou o arco
atirou no minguante.

Trinta anos se passaram.

– Wang, onde está
meu presente?
– Calma, a flecha
deve estar chegando.

CLARIDADE

E de repente tudo ficou limpo.
Não se via nem um grão de poeira.
Destemidos sabões,
corajosos detergentes
recolheram as hidroxilas.
Não mais seriam necessárias.

Tão dura foi a nitidez das coisas,
tanta a assepsia,
que mácula alguma sobreviveu;
agonias, ciúmes, dores, torpezas
foram desinfetados.
E tudo ficou sóbrio.
Houvesse olhos para contemplar
o sujo tornado alvura absoluta,
ficariam ofuscados.
Mas já não havia olhos,
nem mãos,
nem corações.
E de repente tudo ficou mudo.

Acabou-se de imprimir
Amálgama,
em 30 de agosto de 2012,
na cidade do Rio de Janeiro,
nas oficinas da Singular Digital,
especialmente para Ibis Libris.
Edição de 350 exemplares.